L'alphabet des ombres

Kevin Chartron

L'alphabet des ombres

© 2021 Kevin Chartron

Edition : BoD – Books on Demand

12/14 rond-point des Champs-Elysées, 75008 Paris

Impression : Books on Demand Norderstedt, Allemagne

ISBN : 978-2-3224-0050-8

Dépôt légal : Novembre 2021

I

Premiers temps

J'ai rêves comme oiseau un nid

J'ai rêves comme oiseau un nid
Aux mêmes feuillages des mêmes cimes
Aux mêmes étoiles qu'aurores déciment
Aux mêmes confins du ciel infini

Le soir si les choses s'éteignent
On entend se taire l'horizon
La nuit noire défait sa prison
Et tous les astres la ceignent

Si les choses s'éteignent le soir
L'horizon qu'on entend se taire
Se ceint du tour austère
Où saignent nos rêves noirs

Comme oiseau un nid j'ai rêves
A voir les fous battements
En faux songe qui ment
Des lueurs filantes et brèves

Le jour le jour les heures lentes
Ressuscitées et d'outre-nuit
Scellent pourtant d'un sceau d'ennui
Les lueurs brèves et filantes.

En montagne

Des étoiles pleuvaient du ciel entaillé
Il faisait un froid à ne pas se taire
Le souffle de la nuit planait sur le mystère
Pareil aux ténèbres entrebâillées
De tes yeux plus profonds que l'éther

C'était un temps d'hiver l'été
De la montagne tombait le cri des loups
L'adret et l'ubac se jetaient un mépris jaloux
Nous grelottions comme d'avoir été
La dernière chouette pendue au dernier clou

L'étendue invisible cachait un long visage
On croit toujours aux ombres qu'on ne voit pas
La moindre absence fait un bruit de pas
Et l'obscurité invente tous les présages
Et l'entière légende humaine s'en drapa

On croyait bientôt ressuscitées les ourses
Leur sourde démarche s'accompagnait aux cieux
Et la plus petite voix qu'on entendait
Roulait doucement la petite source
Qui sait seulement où elle descendait

Je ne sais plus si nous étions heureux
Je revois parfois encore la montagne évidée
Sommes-nous autres que gens amoureux
Et cœurs autres que cœurs douloureux
Les étoiles couraient dans le ciel lapidé

Papillons

Volent dans l'ombre par centaines
Ceux pourpres du thym
Et se posent sur le bord des fontaines
Comme soleil sur votre teint

Battent des ailes vers les nues
Aurores de Provence
Et lumières dociles s'atténuent
Comme nuit s'avance

Et l'on vous voit comme Ariane
Changeante et profonde
L'autre est pris dans vos lianes
Océan entre les mondes

Il faut apprendre à vous regarder
Cela remplace les choses
Nul filet ne pourrait vous garder
Volent écailles roses

Le rameur

Seul sans la proue et réduit à la poupe
De la coque au pont l'égal de la vigie aux cales
Dans l'infortuné esquif aux avirons bancals
Le voilà homme sans joie dans sa chaloupe

Souquant contre l'invisible brimé par l'océan
Et à l'est et à l'ouest et au nord et au sud
Rien le port soudain a pris de l'altitude
Va donc homme frêle va cœur de géant

Il sait des terres promises que l'on rejoint
Son âme bat des larmes aimante écume
Sur les flots bercé n'est-il rien qu'enclume
A guetter encore comme la côte est loin

Et l'ombre portée sur ma nuit

Et l'ombre portée sur ma nuit
Que la lune pâle glace d'ennui
Ressemble au long hiver qui nuit
Et au court été qui pleure
J'y entends un chant éteint
Et son écho pareillement lointain
Il ne point qu'un vague matin
Et son éclat n'est qu'un leurre

Cela n'est que part du récit
Il ne vient personne ici
Le temps même est imprécis
Qui se penche à la fenêtre
Au loin les étoiles se devinent
L'azur a une allure divine
Et telle fraîcheur de ravine
Qu'on se morfond d'y n'être

Cela est un refrain courant
Les jours se sont mis en rang
Le crépuscule va s'étirant
La main tendue vers l'horizon
On demeure à n'en pouvoir mais
Encore qu'on ne sache jamais
Ce que demain ne promet
Et quelle sera notre déraison

Elle habite ailleurs en ville
On se prend à rêver où
En croyant la voir partout

On voit ses cheveux son cou
Le bleu qu'elle met à ses cils
Ou peut-être à ses paupières
Pauvre galant va pauvre pierre
Tombée au fond de la rivière

Les jours passent comme
Les longs rêves du somme
Et la jeunesse des hommes
Si fugitifs et si lents
Les nuits aux jours répondent
Il faut que la terre soit ronde
Et ce qui nous vient au monde
Disparaît du même élan

Comme l'heure est fugitive
Voilà que nous est plaintive
L'absence nue et la plaie vive
De si seulement voir
De ses propres yeux l'image
Et le miroir fait davantage
Que d'agrandir les parages
En les faisant plus noirs

La ville peut être en fête
Ses chants monter à la tête
Et l'air se charger de conquêtes
On demeure à l'âme brisée
Et ce qui nous reste de vie
Va à la joie inassouvie
Comme la chaîne au pont-levis
Et la flamme bien attisée

J'aime l'hirondelle quand je ne la vois pas

J'aime l'hirondelle quand je ne la vois pas
Moi au désert.
Quand à son chemin elle survole mes pas
Haut dans les airs.

Quand tout l'incendie du ciel darde
Sur la terre
C'est toute l'aile de l'oiseau qui me farde
Depuis l'éther

Si je lève l'œil vers là où palpite
Tout le jour sombre
Je ne vois pas l'oiseau tout au zénith
Mais sa pâle ombre.

Les soleils enneigés

On riait à pourquoi n'en plus savoir
Dans le grand jour qui nous dansait
On faisait le beau temps on faisait le pleuvoir
On disait les choses comme les au revoir
Nous étions la plaie que tout l'été pansait

On riait à l'hiver on riait à la chambre
Et le grand jeu encore toujours précipité
Comme il fait chaud quand c'est décembre
Comme il fait bonheur dans tous nos membres
A regarder en arrière on jurerait l'éternité

Le soleil nous venait par pleines brassées
Nous buvions les cigales à pleines gorgées
Tandis que parlaient les chers embrassés
Près de nous où l'ombre s'était entassée
Sous les grands arbres en temps forgé

Cela passait à pourquoi en oublier
Les étés belle étoile et l'antique chien
Les doux hivers froids la neige au sablier
Le chant du temps a bien méchant parolier
Mon frère rappelle-toi est-ce qu'il t'en souvient

Celui qui n'a pas oublié

Aux mains battues de froid,
Faut-il toujours serrer
Un souvenir comme lacéré
Et les passés devenus effrois ?
La grande nuit de novembre
Rit dans sa vaste chambre.

Voici. Telle une fleur brisée,
Surprise par le soleil sec,
Une âme tout éteinte avec
Sa seule plaie cicatrisée.
Et le couteau ensanglanté
Parle une langue gantée.

Je n'en puis dire d'autres phrases
Que celles que je tais.
Et la passion que tu m'ôtais
Ce jour encore m'écrase
Là où l'étrange enfer
Est fait d'un feu de fer.

Cela n'est pas bien écrit ;
Autant n'en pas dire davantage.
Il ne m'est plus de pages
Autant griffées qu'un cri
Et d'encre aussi sombre
Que ton soleil est l'ombre.

Il reste, douleur ancienne,
Le bonheur enseveli

Comme la bête sous le lit.
Quand la lune est aux persiennes,
Ne farde pas en ton cœur
Que j'accourais dans tes pleurs.

Je me passe du passé pour amour dire

Je me passe du passé pour amour dire
A ce mot grandiose l'éternité règne
Amour est flamme qu'ombres craignent
Amour est zénith aveugle au nadir
Amour est à gaudir
Bonheur qui saigne

Le temps n'a sur l'âme éprise prise
Tombe tombe seule la tombe sur elle
Rien ne lui coupe souffle ni coupe ailes
N'abroge jamais sa fatidique emprise
Tempête est brise
Nuit n'est que ciel

J'interdis mot qui blesse mot qui blasphème
Si cœur loue œil couve main touche
Si l'éternité entière parle par la bouche
De l'être qui est aimé et qui aime
Ses bras sont poèmes
A qui s'y couche

A moindre pleur à moindre peine enfin
Rien ne permets rien ne tolère
Et le cœur toujours est à colère
Contre celui qui nie celui qui geint
Rien n'est moins vain
Qu'amour dans l'air

La forêt noire

Toi, qui fis jaillir de tant d'obscurités tant de clarté
Ou les rayons à travers les bois coupant parmi les arbres
Ne vois-tu pas qu'il reste derrière le rideau écarté,
Déchiré et percé l'ombre que fait la peine sur le marbre ?

Ne vois-tu pas, toi, qui fis la lueur comme on fait rire
Qu'aux bois dormant tout ne se réveille pas toujours
Et que cachent les feuilles où elles demeurent sans périr
Les dernières tristesses du soir que n'abolit pas le jour ?

Il faut l'émoi pour le poème

Il faut l'émoi pour le poème
Le tressaillement pour la rime.
Le malheur pour dire «Aime
Le gouffre pour dire Cime.

Pour de jolies choses écrites
Il a fallu subir le sombre
Et passer sous les gouttes qu'abritent
Tous les anges des ombres

Dans toutes les meubles obscurités
Où crépitent toutes nos peines
Gonflent nos rêveries – l'éternité –
Dans leurs clartés souterraines

La nuit, dans le vide éteint,
On entend son cœur souffrant
Battre si pur jusqu'au matin
Qu'on l'offre au plus offrant

On crie dans le noir qui ronge
Silencieux, muet, sans bruit
Et tout le temps qui s'allonge
Nous réduit à notre réduit

Quand un soleil passe – une étoile –
On regarde sa traîne blanche.
On songe au malheur et on dévoile
Ce qu'il n'a pas gâté. Dimanche !

II

Les lois de la nature

En chaque nuit couvent

En chaque nuit couvent
Au fond des grands bois
Les hurlements des louves
Les louveteaux qui aboient
Les lourds cerfs aux abois

Lourdes comme des fossiles
Les traces dans la neige
Trottent comme un passège
Le vent siffle un air docile
Plus étrange qu'un arpège

Le froid claque aux os
Et brûle aux paupières
Nues et perdues les pierres
Sortent jaillies des eaux
Comme croix au cimetière

Le ciel glacé et pesant
Contient les flammes
Chauffant la main et l'âme
On songe en faisant
Rêves de mauvaise fame

Au matin tout est braises
Les loups les loups rôdent
On boit la bouillie chaude
On voit entre les mélèzes
Le jour teinté d'émeraude

L'autre printemps

Rien ne déchoit de ce trône
Cœurs empourprés aux couronnes roses
Tous les prés s'ornent de lauriers-roses
Tout l'amour est là qui prône
L'ultime prouesse des métamorphoses

Triomphe au vainqueur impérial
Aux cœurs refondés qui défont le drame
Ainsi fondent les glaces et font que se pâment
Tout revenu à prairial
Les fleurs tournant au plafond leur âme

L'impérial triomphe au vainqueur
A qui vers offerts est un grand honneur
A qui le bleu ciel est l'unique sonneur
L'eau fraîche la liqueur
Le pain du jour l'inestimable bonheur

Le vainqueur à l'impérial triomphe
A qui l'éternité n'est que secondes
Quand demeure sa joie posée sur le monde
Comme sur l'onde la gomphe
Sous le toit inondé des étoiles profondes

Chanson de la fin de l'été

Quand l'été décline dans les colchiques qui s'ouvrent
– Coquelicots du remords –
L'horizon tout entier s'approche, murmure et couvre
De brume et de bois mort
Les derniers rayons sous les ombres venant se tapir
Et scintille en sourdine.
Et dans le soir s'insinuent et s'entendent les soupirs
Des ondins et des ondines.

Les couleurs qui s'éteignent aux papillons discrets
Et aux fleurs qui tombent
Laissent choir des brouillards calmes et secrets
Lourds comme des tombes
Que perce quand tremble son orgueilleux empire
Le brame d'un vieux daim.
Et dans le soir s'insinuent et s'entendent les soupirs
Des ondines et des ondins.

Les froids montent, encore. Déjà, les neiges approchent.
Toute aube paraît la dernière.
Les sèves dans les arbres muent en cristaux dans les
roches
Et l'on va dormir aux tanières
Dans la mousse, seul le renard reste à glapir
Quand fuit le muscardin.
Et dans le soir s'insinuent et s'entendent les soupirs
Des ondines et des ondins.

La lueur intense des nuits noires qui blanchissent
Sous les orangées lunaires

Ricoche sur les courants clapotant que franchissent
Dans le frais et bon air
Les castors exacts et casaniers qui font croupir
L'eau derrière les rondins.
Et dans le soir s'insinuent et s'entendent les soupirs
Des ondines et des ondins.

Le jour ne se lève parfois pas ; tout reste nuage.
L'ombre claire persiste.
On entend un hibou hululer, on voit un canard qui nage.
On pense : « Tout résiste ».
Car, au cœur, quand le monde s'éteint, encore respire
Une éclaircie baladine.
Et dans le soir s'insinuent et s'entendent les soupirs
Des ondins et des ondines.

Le nénuphar rose

Quand la campagne repose
Près du bois au lac de brumes filantes
L'aurore en silence dépose
Les longues libellules étincelantes

Sous la lumière
Leurs ailes font un vitrail de verre fin
Comme une chaumière
La nature fait monter son doux parfum

Derrière les hautes herbes
Le grand paon charmeur fait la roue
Ses gros yeux superbes
Lancent des regards bleus ou roux

Derrière les herbes hautes
Sur le rocher comme une enclume
Deux cygnes côte à côte
Dorment le bec dans leurs plumes

Les canetons vifs
Sont roulés comme mousse au vent
Oh frêles esquifs
Votre caravelle-mère va devant

Un beau lis d'étang
Rose qu'une rainette coiffe
S'étire et s'étend
Comme une langue qui a soif

Les émeraudes le ceignent
Nénuphars éclatants qui font rempart
Pour celui qui saigne
Pour celui qui n'a nulle part

Derrière les roseaux
On fait cette étrange découverte
Sur les sombres eaux
Le soleil rose des étoiles vertes

Botte d'asperges au chat assis dans la lumière du jour

Sur la table où l'on voit le chat assis
Dans un vase des fleurs barbotent,
Cueillies ce matin ; une botte
D'asperges est posée devant du pain rassis

On a fait un nœud pour les tenir serrées.
Qui ? Quelqu'un. Une personne.
Par le carreau, l'église sonne.
L'odeur du dehors vient, la pièce est aérée.

Un rayon sous la porte ; on est loin de la nuit.
Midi. Le chat remue la queue
Une goutte tombe au sol. C'est que
Le vase est ébréché et que l'eau fuit.

Sur le buffet, le sablier écoule son sable
Et qu'entend-on ici ? Rien.
Mais chut ! Quelqu'un s'en vient
Contempler la nature morte et impérissable.

Des hécatombes

A la nuit, quand tout n'est que souffle et paupières
Vont, dans l'ombre désinvolte, s'ébattre les papillons
Eclairés au firmament des filaments de l'œil de pierre
Transperçant les nuages ; chrysalides en haillons

Les prisonniers d'hier sont les vagabonds d'aujourd'hui
Un papillon semble errer, ne cherchant point de route
Dans les airs sombres vont les nuées de la nuit
Et au matin meurent des lueurs dont les accable la voûte

Une fuite ici, un cortège là ; processions évidentes
Sous les cieux étoilés devenus des chaumières
On meurt au jour, éphémères, en pétales pendantes,
Aux papillons qui se turent dans la sépulture de lumière

Prairial recommencé

Est-ce ou n'est-ce
Pas juste temps
Que tout renaisse
Comme l'antan
Autre jeunesse

Du long hiver
L'autre printemps
A éclos vert
Est-ce qu'on n'entend
Pas le pic-vert

Tout du somme
Voilà revenu
Ce que nous sommes
Enfin devenus
Beaux alyssums

Voilà à l'est
Sur le seuil
Le jour céleste
Piquant notre œil
Comme le zest

La grande souffrance

Comme la lune monte dans les airs
Le silence tombe des cieux noircis
Et la couronne, sur les cimes centenaires,
Envoie sa triste et pâle éclaircie.

Oh ! pauvre souveraine, timide et lasse,
Rien ne t'est neuf dans l'ancienne nuit.
Tu luis d'un mauvais œil, hélas,
Et donne à la grande ombre son huis.

Tu vois que s'éteint en ces heures
Le grand éclat de la nature vivante.
Tout cela a des airs de malheurs,
De grand secret et d'épouvante.

Çà et là passent quelques brumes
Et dans le noir ciel clair
Viennent s'échouer les étranges écumes
Des blancs nuages flottant dans l'air.

Dans l'épais silence qui palpite
Sommeille le grand trouble sauvage.
Des muets cieux se précipitent
Les étoiles comme des mirages.

Si le cœur a quelques patiences,
On voit sur le plus haut rocher
Une ombre pareille à un silence
Sortir de l'ombre et s'approcher.

S'approcher des étoiles et des cieux
Et y voir ce qu'on ne saura jamais
Et lever son regard silencieux
Comme la main pure qui promet.

C'est le dernier loup des murmures,
Celui qui rôde, celui qui erre,
Celui qui a la terreur pour armure
Et sa vaste vie pour désert.

L'animal au vieux cœur de pierre
Qui ne tremble pas à l'effroi,
Et dont l'œil sous la paupière
Cache et la brûlure et le froid.

Grande légende, pauvre fortune.
On peut entendre, brisé de remords,
Le loup hurler à la lune
Comme on hurle à la mort.

III

Le livre ouvert

Voici rimes cachées...

Voici rimes cachées voici poèmes secrets
Un cœur les donne à celle de son adoration
Sans rien en dire aux constellations
Dont il ignore jusqu'aux lointains décrets

Aucun ne perce des mots qu'ils éclairent
Les silences et les ombres y survivent
C'est tout dire pour peu qu'on l'écrive
A celle dont l'œil est peuplé d'éclairs

Voici rimes cachées gardées en l'âme
Contre soi serrées comme un trésor
En la nuit mettant les étoiles et les ors
En l'hiver froid bien des flammes

Au printemps des fleurs nouvelles
A senteurs tues à couleurs voilées
Discrète discrète missive tout étoilée
Qu'anges emportent dans leurs ailes

Ange ange où gardes-tu ces mots
Pour toi éclos en mon cœur
Où où dans quelles splendeurs
Raillant marbres comme émaux

Où sont rimes que je t'envoie
En quel coffre ces paroles
Au matin quand l'horizon s'envole
Bordent-elles ton sommeil de soie

J'ignore ce repaire de mes poèmes
Aimes-tu en veux-tu toujours encore
Ton rire pour chant ta beauté pour décor
Songeant près de toi mon cœur qui t'aime

La grande errance

Sous le soleil comme tout frissonne
La feuille et l'ombre et le remords
En mon cœur il n'y a personne
Que toi au fond d'un bois mort
Que toi comme l'hiver qui mord

Où es-tu où demeures-tu donc
Comme amour réside en quel cœur
Il n'y a plus de toujours ni d'onc
Ne persistent que froids et rancœurs
Et les oiseaux aux cris moqueurs

Comme on se perd en altitude
J'ai mon temps perdu sans toi
Et perdu jusqu'à l'habitude
Des étoiles abritées sous mon toit
Ah comme souffrances apitoient

Il est d'errer long et infernal
A mon cœur qui s'en épuise
Et ses pulsations machinales
N'ont qu'espoirs qui les déduisent
Et soupirs sans tes yeux qui luisent

Dans l'ombre où seul je survivais

Dans l'ombre où seul je survivais
Je me serrais dans l'hiver
En cachant la peine au revers
Et seules les noires ténèbres le savaient

J'errais comme une luciole éteinte
Plus encore sous la pâle lune
Plus encore, plus terrible qu'aucune
Des plus mornes et silencieuses teintes

Hé ! Voici la clarté, voici les aubades
Voici le prénom jamais chanté
Voici dans la pauvre maison hantée
Un soleil levant sous les arcades

La vie soudaine – les hasards de la mourre –
Où l'on entend dire sous le ciel azur
L'ancien cœur oubliant ses brisures
Le mot qu'il vient d'apprendre : amour.

Rien ne meurt en moi que les mauvaises pensées

Rien ne meurt en moi que les mauvaises pensées
Que je gardais au revers comme un noir amas
Comme s'éteignent-elles nous voici récompensés
Mon âme qui n'en veut plus toutes les a dépensées
Et c'est toi seule un jour qui l'en sommas

Toi seule et c'est notre gloire éclose
Qui sait toutes ces années ce qui la retint
Toutes les douleurs en sont forcloses
Toutes les joies sont pour nous si on l'ose
Un peu comme le soleil ose faire le matin

Notre soleil est parmi les ténèbres qui croît
Sa bonne lumière nous fait sortir de l'ombre
Le mal parle de rayons brûlants n'y crois
Porter notre amour n'est pas porter notre croix
Toutes nos étoiles filent hors des décombres

Nos étoiles luisent comme de puissants présages
Voyons-les en chemin qui nous escortent
Guidant nos pas sur tous les paysages
Tout notre bonheur revient du fond des âges
Et les mauvaises pensées en moi sont mortes

Le soir quand tu m'es lointaine

Le soir quand tu m'es lointaine
Qu'à l'écho manque ta voix
Je vois que les étoiles envoient
Comme les lueurs d'une fontaine

Dans cet éclat je peux songer
Que ton cœur m'est une prison
Semblable à un horizon
Où le grand jour s'est allongé

Il y pleut à nos heures
Un soleil qui nous jalouse
Le vent donne aux pelouses
Un frisson de bonheur

Les coquelicots et les alysses
Ont souvenir de ton visage
De tes yeux beaux et sans âge
À les voir les miens rajeunissent

Mais le temps déjà dit demain
Le jour toujours s'évanouit
Et sépare les âmes épanouies
Comme s'éloignent deux mains

Sans toi c'est la grande nuit
Où me plonge de ne te voir
Les étoiles muettes dans le noir
Sont les bougies de l'ennui

L'embellie

J'étais sans joie, ni crainte,
Ni le rire, ni la plainte.
La nuit noire sous la paupière.
Où le temps m'avait laissé.
Au sous-bois le cerf blessé,
Là-bas, veuf comme pierre.

En voilà d'étranges rivières,
Aux flots faits de poussières
Dont on ne croit la crue.
Les étendues qu'elles rallient
Ont des horizons pâlis,
Des soleils blanc écru.

Mais le curieux azur
Revient de son usure,
De ses lézardes tristes.
Où le regard se porte,
La sensation est forte
Que le hasard se fait artiste.

Elle parle et l'on se tait.
On oublie que l'on était
Disparu d'un certain naufrage.
Le regain soudain nous farde.
Quand elle nous regarde
La lumière nous dévisage.

C'est depuis toi que ma vie change

C'est depuis toi que ma vie change
Comme un ciel retrouvé clair
Le souffle nouveau donné à l'air
Et cela n'est pas égal aux anges

Je dois cette métamorphose
A tes yeux qui savent autre langue
Les pures lueurs qui y tanguent
Me parlent d'autre chose

Je n'ai depuis de mon temps
Que le loisir de dire que j'aime
L'éclat sans fond de ces gemmes
Et de dire que je t'aime tant

Et tellement que tout m'est compté
Je n'ai plus d'heures que ta vie
Oh sais-tu lorsque je te vis
Tout m'était déjà conté

C'est depuis toi qu'enfin je crois
Et ma croyance fait de mon cœur
L'autel où monte le chœur
De mon amour qui toujours croît

Il m'arrive parfois de chuchoter
A ton oreille le mot d'aimer
Et ce ne serait que blasphémer
Que ce bonheur nous fût ôté

C'est le soir quand lentement tombe la lumière

C'est le soir quand lentement tombe la lumière
Qu'on peut s'aller promener ensemble
Quand l'azur se voûte, faisant une chaumière
Pour nous seuls, à ce qu'il semble.

L'horizon déjà brûle du feu qui nous étreint
Dans les puissants rayons rouge vif.
Chut… On dirait que des anges sont en train
De nous protéger depuis les ifs.

Entends-tu nos pas ? Entends-tu les petits oiseaux ?
Et vois-tu la lune pâle comme un soupir ?
C'est que la nuit étoilée fait luire sur les eaux
Nos cœurs qui palpitent, notre amour qui respire.

À celle qui doit partir

Ta main dans ma main, mon cœur bat pour deux.
Sur mon âme, repose le tien
Et repose tes yeux ; mon amour détient
Le mot pour parler infiniment d'eux.

L'ombre sur nous appelle au rêve
Aux paupières closes sur des jardins d'Eden
La vie a de ces folies soudaines
Quand le jour avec toi s'achève.

Le sommeil nous vient ; je parle bas
Il ne faut blesser tes songes naissants
Voilà voilà dans le soir baissant
Le cortège des anges qui s'abat.

La nuit pend ses étoiles au drap bleu
Avec toi s'endort le grand azur
Et l'éternité nous fait une embrasure
Par laquelle notre amour pleut.

Dans les bois où sont les longues promenades

Dans les bois où sont les longues promenades
La rivière roule son lit dans un bruissement d'échos
Le coq content au loin crie son cocorico
Et l'aube déjà a des allures de sérénade

Sur le bord d'une fontaine chante le premier oiseau
Son chant change jusqu'à la langue des anges
Et le ciel bleu et les frais crépuscules orange
Quand le jour quitte sa geôle au-dessus des roseaux

Se taire c'est encore parler dans ces moments-ci
Mon cœur silencieux reprend la mélodie de son trouble
Dans tes yeux-univers je vois l'infini et son double
Et je ne sais pas même si l'éternité les différencie

Ta main et ma main le petit mot que tu murmures
Il me semble qu'on l'écrit dans l'alphabet des rêves
Il me semble sentir que nos âmes se soulèvent
Et la voile va au vent grâce à cette fine amure

Amour amour le dire deux fois n'est pas assez
Mais le taire n'est pas tout à fait le taire
Et sur nos lèvres le plaisir de ce mystère
Dit un silence quand il est de nous embrasser

Entends-tu nos cœurs ont des battements jumeaux
D'où cela vient-il nous ne le savons pas
Comment s'appelle-t-elle qui a guidé nos pas
La fleur bleue qui est ton cœur qui est mes mots

Les atolls d'émeraude

Dans tes yeux, je fais la découverte
D'une mer où viennent se noyer les cieux
Et je plonge dans ces lacs délicieux
Où brillent de belles étoiles vertes

Tes paupières font une voile sur cet océan
Là voguent mes rêves qui s'évadent
J'aime contempler cette folle parade.
Tes yeux me font oublier le néant.

Oh, voici l'heure où la lune s'attarde ;
Sur tes lagons vient son reflet d'or.
La mer est calme lorsque tu dors
Et douce lorsque tu me regardes.

Voici les mots de mon âme

Ma mie, voici les mots de mon âme
Trouvés dans quelque azur lointain
Et les étoiles du ciel éteint
Qui sont les étincelles de ma flamme

Je prêche la seule chose que je sache
Qu'il ne m'est que te chérir de cause
Choisis les chers mots qu'ose
Mon cœur où ton cœur se cache

Ma plume écrit d'une encre sans fard
Le cri de sa griffure est un bruit doux
Je trace des lettres venues je ne sais d'où
Comme le frêle esquif face au phare

J'écris des mots pour t'aimer toujours
Amour Amour c'est toi donc
Celle qui arrive après tant d'onc
Et qui remplace la nuit par le jour

Ce qu'est l'amour caché

Ce qu'est l'amour caché par toi je le devine
Qui vibre dans les tréfonds de l'âme
Sous la petite braise attend la flamme
Comme le torrent dort dans la ravine

La grande passion portait un joli loup
Ton visage serti de ton regard d'émeraude
La nuit dans le ciel les étoiles rôdent
Et pleurent leurs rayons d'un soupir jaloux

Ce que j'ai cherché par toi je le découvre
Ma vie n'était que le carnaval des ombres
Le grand naufrage dans l'océan sombre
Par ta présence les lourds flots s'ouvrent

Le fond des mers est comme le fond du cœur
On trouve des trésors dans les épaves
Et d'arlequines créatures qui savent
Que les abysses n'abolissent pas les couleurs

Tu m'es ce regain qui bat mon sang
Tout à la fois toujours et nouveauté
Le déguisement du malheur m'est ôté
Mon amour est un grand feu dansant

Mets ta main là où mon cœur bat

Mets ta main là où mon cœur bat
Touche la meilleure de mes pensées
Celle de mon âme récompensée
Quand la tienne lui parle tout bas
Toi qui es ma vie recommencée

Sinon l'aimer je ne sais encore que dire
À ton regard dont j'ai fait ma foi
L'église et la prière tout à la fois
Que les étoiles jalousent au nadir
Mes nuits sont de ne penser qu'à toi

Mets ta main où tremble pour elle
Le moindre mot dit à t'attendre
Comme le vent sur l'herbe tendre
Et le bleu colibri battant des ailes
Mon calme frisson est de t'entendre

C'est là invisible et vraie que vibre
Comme le frêle verre au vent d'hiver
Et le vif aveu préservé au revers
La passion qui vit en équilibre
Dans tes yeux verts où volent mes vers

Les cœurs conjugués

Marchons un peu au bord de la rivière, tu veux ?
Dans ma main tes doigts disent un secret éternel.
Là, suis-moi, et passons sous la tonnelle
Qui nous est bonne arche ; et fais un vœu.

Oh, cela est enfantin de s'aimer à rire de la sorte.
C'est une jeunesse du cœur qui soudain nous revient.
Je t'aime depuis toujours. Est-ce que tu te souviens ?
Il m'a suffi de te voir pour que cela m'emporte.

Est-ce que tu te souviens ? Aujourd'hui, le ciel est clair
Et les rayons d'or font sur l'eau des traînes d'argent.
Regarde. Les petits oiseaux fous s'en vont en nageant
Et les fleurs sur le chemin semblent respirer le bon air.

Si tu me parles, j'écoute tes mots à cœur battant.
Promenons-nous sans nous inquiéter de l'heure
L'eau coule là au rythme de notre bonheur.
Donne-moi de tes baisers qui arrêtent le temps.

Je t'aime du premier jour. Le ciel était gris mais mon
cœur non.
Aujourd'hui, le beau lé bleu nous fait une demeure.
Au loin, le dernier nuage qui doucement se meurt
Est le soupir d'un ange qui murmure ton prénom.

Quand dans la nuit glacée brille l'étoile absolue

Quand dans la nuit glacée brille l'étoile absolue
Que rêve encore des oiseaux le poète endormi
Il lui reste encore le dernier songe permis
Des plus beaux yeux éclairant ses mots lus

Voilà voilà quand on croit toujours sa vie close
Quand il ne reste plus que le mal d'éternité
Le cœur encore le cœur survit d'être habité
Et sa croyance est la plus noble des choses

Quand rien n'est plus possible que les larmes
Vient surgissant de l'immense néant froid
Le cœur à aimer le visage que l'on croit
Et tout le désespoir du monde rend les armes

C'est alors que la vie est de nouveau hantée
Par le bleu et le rose par la joie qui tremble
C'est à toi seule désormais que ressemble
Mon âme qui s'est remise à chanter

Il est toujours temps

Il est toujours temps
A tes beaux yeux
De parler tant
Des vastes cieux

Miroirs fardés
De nuit retenue
Eclats chapardés
Aux profondes nues

Lacs, mers, puits
Sources infinies
D'amour et puis
De jour réunis

C'est là que sont
Toute ma vie et
La seule chanson
Qu'on puisse m'envier

Si je parle bas quand ton cœur m'écoute

Si je parle bas quand ton cœur m'écoute
Plus bas encore que le veut la crainte
Si bas si bas que les lampes sont éteintes
C'est que l'on doit le murmure à l'étreinte
Un mot est beau à l'émoi qu'il nous coûte

Cela peut vouloir dire nous serrer l'âme
Brûler vivement de la seule des seules flammes
Le cœur percé par la bienheureuse lame

Mais te parler bas n'est jamais à douleur
C'est l'autre nom du paradis sur Terre
Cela est si vrai qu'il vaudrait mieux se taire
D'ailleurs et goûter l'heur de ce mystère
Toujours j'en oublie le jour et jusqu'à l'heure

Je me crois au sommeil et parler yeux fermés
Et par les cieux penchés sur notre vie d'aimer
Voici l'éternité sans un bruit proclamée

Tout a forme de ta présence de ce jour qui croît

Tout a forme de ta présence de ce jour qui croît
De ce que le sommeil peut nous abandonner
L'incompréhensible songe à l'aube couronnée
Suffit-il alors qu'encore et toujours j'y croie
Quand dans le bon matin la rosée est sonnée

S'il faut dire les choses telles que je les vis
Je suis tout à la fois celui qui te retient
Et celui qui s'échappe en dénouant tes liens
Je fais de cet amour plus gloire que de ma vie
Et il me faut marcher à n'y comprendre rien

Toi seule à mon côté encore et toujours bruisse
Du chant irrégulier qui se veut lendemain
Mon aventure se voit à la paume de ta main
Et tant que je m'y lis et tant que je le puisse
C'est tant se rajeunir quand finit le chemin

Tu peux lire dans ces lignes la bonne aventure

Tu peux lire dans ces lignes la bonne aventure
Qui tard me revient, crevant l'obscurité,
Voilà que frémissent encore, que l'on capture,
Les lueurs brisées brisées par la rature
Et qu'attise la vie soudain revisitée.

Comme cette encre revenue de sa source tarie,
Le printemps revient dans l'horizon crevé.
Et voilà que cèdent quand la saison varie,
Comme à Salamine le Mède, le cœur marri,
La porte condamnée, le pont-levis levé.

En peu de mots pourtant tout est déjà dit.
À ta voix les lettres se forment d'un autre son.
Tout change de forme, tout change de cri. Paradis.
Et l'être peut promettre tant il est étourdi
Ne plus vouloir connaître d'autre frisson.

Je suis le présent de ton sourire

Je suis le présent de ton sourire
Moi qui eus obscur passé
En toutes choses mal amassées
Et ne sachant où bien courir
Moi qui eus existence lassée

À le voir comme il me change
C'est peu dire de ma passion
De ce fruit la douce ration
Me pique pourtant comme l'orange
Et trouble mon imagination

Par tes deux lèvres qui saignent
J'entends ce qu'aimer entend
Ce qui fait le cœur content
Et à mon cœur ce qui l'enseigne
Comme au soleil éclatant

Que l'azur et cette fraise
Rien ne va mieux ensemble
On n'y trouve égal ce semble
Qu'aux yeux des anges cette braise
Palpite où mon âme tremble

J'entends ton rire comme on entend la mer

J'entends ton rire comme on entend la mer
Comme on entend la mer j'entends ton rire
Dans tout coquillage et les pensées éphémères
Ont un écho que rien ne peut flétrir
Dans tout coquillage j'entends ton rire

La joie qui sourd de tout n'a pas ton égale
Ton chant m'est passion dans l'oreille
J'entends tes douces paroles et ce régal
N'a ni source humaine ni son pareil
J'entends tes douces paroles dans l'oreille

Un battement de bouche est un éloge
Que tu fredonnes ou que tu murmures
J'entends ta voix partout qui se loge
Comme on entend la mer ou les horloges
J'entends ta voix partout que tu murmures

L'horloge est calme mais la mer est sauvage
Et dans tes mêmes mots tout se confond
Comme en mon cœur tout m'est rivage
Tout m'est bonheur tout m'est nuage
Comme en mon cœur tout se confond

Parle encore parle toujours parle bien
Dis les mots venant comme viennent les ans
Je viendrai aussi pour tout et pour rien
Et ton moindre chant sera aussi le mien
Je viendrai aussi comme viennent les ans.

Le rossignol

Aimer n'est qu'un mot de tes lèvres
Qui avant toi ne me disait rien
Ton amour est aussi le mien
Et mon cœur me donne sa fièvre
Il bat ainsi de s'y sentir bien

Tu vins au cœur de jours mornes
Me chercher sur ton chemin
Qui va d'hier jusqu'à demain
Ma passion touche à sa borne
Et je sens ma vie dans ta main

Je me sens moins que personne
Oublié dans quelque cour
Ou dans la ténébreuse tour
Et quand les étoiles frissonnent
J'y vois encore comme en plein jour

Aimer est mot passe-partout
Plus précieux qu'une carouble
Ce qui en nos cœurs nous trouble
N'a que toujours tout au bout
Par nous l'éternité voit double

Lorsque l'on se tient ensemble sur l'herbe

Lorsque l'on se tient ensemble sur l'herbe
Au printemps à l'été début d'automne
La nature qui mue en ses mues monotones
Rend parcs jardins et cieux superbes
Si attendus qu'encore nous étonnent

La nature se déverse dans la lumière blanche
Les fleurs au soleil tournent leur visage sage
Orties sont douces ronces ne sont plus cages
Et l'on songe qui s'allongent aux branches
Sur le ciel et dessinent les nuages

Les lacs gazouillent des cygnes s'y baignant
Leurs becs font l'onde sur l'eau qu'ils cueillent
Rien n'est triste les chagrins sont en deuil
Un enfant sourit aux genoux saignant
La joie qui le panse brille dans son œil

Musique qu'on entend musique qu'on suppose
Comme les blés ensoleillent la terre
On guette du ciel le profond mystère
Tant qu'on attend cette heure où se pose
La lune en croissant dans les grands éthers

Si l'étoile est belle d'où s'en viennent les songes
On berce en nos cœurs la douce promesse
Voir l'étoile filer c'est voir le temps qui cesse
Avoir amour plus fou que les mensonges
Et l'éternité qui ennoblit notre paresse

Le grand bonheur

J'aime comme on meurt celle qui est le tout
La beauté la grandeur la feuille qui frissonne
Qui m'est voyelles chantant en mes consonnes
Et fait que mes poèmes peuvent tenir debout
Je l'aime et cela n'est ignoré de personne

Tant je l'aime que rien plus ne m'est leurre
Qu'au ciel y touche à plus humaine main
Qu'à clos regard ne vois plus que demain
Deux anges parlent en nous et n'ont couleurs
Qu'amour de raison et qu'avenir de chemin

J'y crois plus qu'à tout voile qui se lève
Qu'à chant d'oiseaux perdu dans les nuées
Qu'à l'or du monde où le monde s'est rué
Que sais-je encore en mes propres rêves
Toute ma passion s'est insinuée

Ah tant je l'aime et l'aimé-je tant
Rien n'abdiquent mes sentiments ni ma joie
Ni ma douleur ni mon tourment ni mon émoi
D'aimer d'aimer d'aimer il est toujours temps
A ne nommer que toi à ne nommer que toi

Le monde m'est dans ton regard

Le monde m'est dans ton regard
Moi qui ne vois que par tes yeux
Ce que le jour a de précieux
Ce que la nuit a de hasard
Ce que les étoiles ont de cieux

C'est par toi que toute lumière
Me vient et me nourrit
Toi toujours qui pleures ou ris
Fais un palais de ma chaumière
Et un destin qui me sourit

Et toute chose me vient par toi
Comme le jour vient du soleil
Et tout rêve venant du sommeil
Je songe toujours sous mon toit
Quand je m'endors que tu m'éveilles

Je vois le monde qui t'apparaît
A tes rêveries et à tes peines
Je suis l'âme qui est pleine
Et de ta vie et du secret
De ma passion pure et certaine

Le cœur et l'encre

Dans l'ouvrage de mon cœur constellé
Où battent et ton cœur et ton âme
Brûle à ton image la seule flamme
Dans ma longue nuit cette lueur zébrée

Je me tiens patiemment à ton côté
Chaleur chaleur bonne et éternelle
Toi la Saint-Jean toi la Noël
Toi les feux du monde et leur beauté

Je suis celui qui boit de tes yeux
Les rayons et les éclairs et les étincelles
Celui qui boit tout de qui est celle
Brillant en ma vie la joie des cieux

Il est des foyers où l'on trouve son empire
Où la braise se consume sans fin
Ce sont encore les étoiles dans ton parfum
C'est encore le soleil que je respire

Je suis l'ombre du songe que je fais de toi

Je suis l'ombre du songe que je fais de toi
Au miroir du matin du dernier sommeil
Le crépuscule remonté sous les toits
L'étrange horizon que le passé côtoie
Et l'être de chair aux fantômes pareil

Le jour défiguré parle par ma bouche
Ses mots sont d'une étrange langue
Et son visage prisonnier de sa gangue
A les allures mauvaises et louches
Du condamné que sa conscience harangue

Je voudrais bien dire de douces choses
Dire ce qu'on dit sur les balcons en fleurs
Sourire qu'un rendez-vous ait manqué l'heure
Mais déjà le rendez-vous se métamorphose
En un néant transpercé de douleurs

Que d'heures que d'heures de soif martyrisées
Pourtant si à cœur fendre vivre revient
Est-il souffrance à cet orgueil si prisée
D'aimer jusques à l'âme brisée
Et d'être l'ombre de ce qui n'est rien

Le grand trouble

En me faisant l'âme d'un pendu
Voilà que diable je m'y prends
À te parler à paupières fendues
À ce que je dis je ne comprends
Rien s'il me faut être franc
Et le silence m'est défendu

Je dis des paroles bien étranges
Qui ne sont que de te voir
La nuit revient la lumière change
Et rien n'obscurcit ton miroir
C'est le plein jour au profond soir
Et l'ombre au front des anges

Que dis-je si ce n'est amour
Et mon regard en est baissé
Ah comme le cœur est lourd
Quand plus un mot ne lui est laissé
Aimer est sans cesse recommencer
Et dire demain pour dire toujours

Je préfère à toute chose

Je préfère à toute chose
Conter qu'en mon âme survint
Ton monde geste souverain
Et quelle fut la métamorphose
Sur cette terre grand devin
Ne pouvait prédire telle rose

À quelque drame qu'on erre
À savoir si l'on existe
J'étais à ce tour de piste
Dont le chemin est un désert
Et donne couleur triste
Aux étoiles dans les airs

Vivre ainsi n'était pas vivre
Comme l'hiver n'est pas l'été
Et de cette ombre que j'ai été
C'est toi seule qui m'en délivres
Et par toi toujours répété
Existent aussi mes livres

Je ne brûle que de t'aimer toujours

Je ne brûle que de t'aimer toujours
Je suis la joie de mon incandescence
Et ton souffle donne seul un sens
À ma flamme qu'avivent chaque jour
Et ta réalité et ton absence

Ce qui m'est donné de feu brûlant
Me rend la soif à ta fontaine
De croire aux choses lointaines
Comme on boit le bonheur hurlant
À ta source des joies certaines

J'ignore dans quel songe

J'ignore dans quel songe
Cela semblerait plus doux
D'être toujours au mois d'août
Comme revenu je ne sais d'où
Cela tiendrait du mensonge

L'été perpétuel que je vis
Respire dans ta chaleur
Brille dans tes couleurs
Il n'est jamais moins l'heure
D'en emplir toujours ma vie

Et tout mon amour prend corps
Aux charmes de ta beauté
Je tremble tout à ton côté
Et quand elle m'est ôtée
Mes yeux y pensent encore

Tu fermeras mes portes et mes livres

Tu fermeras mes portes et mes livres
Où rien n'est jamais terminé
Quand le jour toujours assassiné
Ne s'étonnera plus de vivre
Le cœur rompu la tête inclinée
Comme les branches sous le givre

Ah tant t'ai-je guettée à mourir
De ce vide que rien n'emplit ni tue
Et les froids étés un par un abattus
N'offraient rien qui fût pour me nourrir
Et tant ai-je parlé tant me suis-je tu
Par ta seule ombre pour me secourir

Je tremblais que tu me sois promise
Comme la Terre jamais donnée
Ce chant du monde est entonné
Tandis qu'on couche à la remise
Et l'on s'endort toute étonné
Que la joie même nous soit permise

Toujours toujours ta moindre absence
Me rend présent tout ce qui n'est
L'obscurité où je me reconnais
Brille de la même puissance
Et toi toujours dans l'aube qui nais
Me fait croire à ma naissance

C'est bien peu de se savoir lueur
Telle que la vie nous est comptée

La grande histoire est racontée
Il y passe parfois des couleurs
Qui jamais n'ont teint de ta bonté
Tu seras ma dernière douleur

IV

La rime recommencée

La rime introuvable

Il vit dans le silence l'écho de sons interdits
Où se tait le tout murmure le rien
L'endroit devient envers l'enfoui aérien
Et l'homme cherche où sa voix se perdit

Ecoute écoute mais tu n'entends pas
Pourtant tu vois à paupières closes
Où crois-tu donc que dorment les choses
L'éternité fait un bruit de pas

Quand tu rêves les voix t'entourent
Quand tu t'éveilles il n'y a personne
Qui parle alors quand minuit sonne
Qui se cache dans la grande tour

Dans la forteresse du tombeau
Imprenable et sourde comme la pierre
Quand l'aimée meurt meurt la prière
Mais le chant est toujours aussi beau

Il lui répond une bouche sans cri
Comme au désert la dune creuse
Au défi des ténèbres peureuses
Voilà que tu griffes quand tu écris

L'ancienne écorce que tu égratignes
Parle au silence la langue inconnue
Tu t'ennuies de chercher aux nues
Et pour trouver reviens à la ligne

La rime retrouvée

Vous parlerez de moi comme d'un chant qu'on oublie
Comme l'écho des collines ou l'ancienne mémoire
Une parole éloignée effacée des grimoires
Tout là-haut cachée au fond de l'armoire
La petite boîte remplie de plaisirs et d'oublies

Cela importe peu mes songes sont faits
Ils parlent la langue des idéaux
Rien n'en vient à bout ni les fléaux
Le mouchoir blanc est bien hissé haut
Sur l'horizon cet adieu fait son effet

Dites les mots qu'il vous plaît d'entendre
Ne vous souciez pas de moi ni des larmes
Le cœur avec l'esprit rend les mêmes armes
Je vis à n'en point rompre les charmes
Et je crois aux choses douces et tendres

Et par elles je reviens au murmure
Des nuits des étés des jours affranchis
Des pages noires que l'encre blanchit
Au cœur que la douleur a franchi
Aimer fait encore la meilleure armure

La rime recommencée

La nuit glacée s'est dissoute en rubans d'aube
Au point du jour la lumière point
La lune pâle ne fait plus qu'un point
Au ciel blanc et doux comme une aube

Une lueur d'avant s'avance dans la pièce
Est-ce hier ou demain qu'elle envoie
On ne sait ce qu'il faut que l'on voie
Mais le rideau se lève sur cette pièce

Le court soleil jette ses rayons vers
Là-bas où l'on ne regardait plus jamais
Et ce morceau de ciel où l'on aimait
A nouveau nous souffle nos vers

La rime revenue

Souvent
Quand l'ombre est tombée partout
Le vent
Revient seul d'on ne sait où

La suie
S'envole le cœur se soulève
N'essuie
Pas tes lèvres de ce vieux rêve

La chose
Est aussi belle dite que tue
Et rose
Vous dire vous ou te dire tu

Qui voit
Le jour et le ciel plus loin
Une voix
Songe plus et pleure moins

Il pleut
Des heures constellées d'été
Si bleu
Là-bas là-bas l'horizon répété

La toile
Berce la bienheureuse prière
L'étoile
S'endort sous la paupière

La rime testamentaire

Je vous dirai un jour peut-être tout ce que je crois
Et quel sable écoulé entre mes doigts
La tristesse au cœur comme il se doit
Je vous dirai un jour comment est plantée ma croix

Vous lirez la fin d'un livre qui n'est pas écrit
Le palimpseste de temps à venir
Et la rime seule à retenir
Quand les rires finiront par étouffer les cris

Hélas que cela est loin où nous échappe l'horizon
La main se tend mais le bras est court
Un jour la nuit emplit la cour
Et nous murmurons sans même savoir ce que nous
disons

Oh il vient parfois un ciel rouge à croire en lui
L'éden prend l'allure d'ici-bas
Le sang céleste du cœur qui bat
Nous figure alors un grand bonheur qui luit

Je vous dirai puisque encore le corps m'en dit
Puisque toujours la lèvre tremble
À ces mots auxquels rien ne ressemble
L'œil humain est un vaste espoir qui mendie

Je vous dirai enfin comment tout cœur est à douleur
S'il lui faut toujours surseoir à lui-même
Comment aimer est le grand poème
Quand le noir lumineux demeure la dernière couleur

La rime improvisée

Si
L'heure ploie sous l'ombre
Les choses vont ainsi
Je suis peu du nombre

Et
Pas moins qu'ailleurs
La paupière encombrée
Un étrange veilleur

Çà
On voit au grimoire
Où la plume glissa
Son fidèle miroir

Par
Le jour et la nuit
Le dernier rempart
À la croix de l'ennui

Sous
La rime et le point
Le charme qui absout
De n'y être point

Quand
À cieux si bas
L'horizon est le camp
Où livrer le combat

Or
Toujours toujours
Quel plus beau décor
Quel meilleur détour

Vers
L'absente fenêtre
L'endroit de l'envers
Le bonheur à naître

Mais
Le silence vaut l'ombre
Et l'œil y remet
Le rêve aux décombres

Car
L'envol est si bref
Ainsi qu'Icare
Incendiant sa nef

Sans
Un peu de joie
Le cœur du sang
Fait un feu grégeois

Là
Encore myrrhe et ambre
Le cœur est las
De garder la chambre

V

Les oiseaux impossibles

Présence des absents

Il est minuit lointain déjà nuit close
Ne portent plus leur ombre les croix
Au loin teintées les étoiles de rose
Leur pâleur muette donnent aux choses
Et vont filer dans les vents froids

Arbres pétrifiés aux branchages nus
Où ils migrent chantent vos oiseaux
Ont-ils jamais su vos âges nues
Qui tombez mornes sur les avenues
Comme la brume tombe sur les eaux

On meurt pourtant où le veut le sort
Et tout nous est abandonné
D'un paradis ou d'un enfer l'on sort
Lourdes ténèbres prenant leur essor
L'espérance n'a-t-elle rien donné

Pour nous le monde a forme difforme
Tout semble saignantes complaintes
Les figures défuntes jamais ne dorment
Et rien ne brime nos plaintes énormes
Et rien ne brime leurs énormes plaintes

Le grand silence

Il est manière de se conter
Pouvant être de se taire
Les minutes en soi comptées
En silence sont commentaires

On dit les mots que l'on sait
Et ceux qui nous comprennent
Les cris qu'encore poussaient
Les martyrs aux arènes

Les mots qu'on a appris
Sont de mêmes inconnus
Qui sait quel est le prix
Toujours payé d'être venu

Je n'ai pas l'œil si profond
À voir ce que j'entends
Je me dis de temps en temps
Que les clefs aux serrures font
Le même bruit mécontent

Le silence fait le curieux bruit
De l'ombre revenue d'elle-même
Même version même thème
Tout est de tout traduit
Tout a le même emblème

L'encre a couleur de clameur
Mais de changeantes teintes
Jusques à la plume éteinte

Qui n'entend que la rumeur
Et ne voit plus la plainte

On s'endort en se taisant
C'est encore silence faire
La nuit rêveries faisant
Parle à l'autre enfer

On est muet aux songes
À paupières relevées
Et le jour encore plonge
En soi pour champlever

On n'en dit toujours assez
On dit parfois ce qu'il en est
Dans les moments effacés
Le miroir se reconnaît

Les oiseaux impossibles

Je crois au ciel des champs
Qu'on voit se mirer à l'eau
Et noyer dans son chant
Des horizons couchants
L'océan lui fait un écho

Je crois à son silence
Sa pauvreté et son dédain
J'y crois comme à ma croyance
Et aux étoiles que lance
La profonde nuit soudain

Un jour ton œil voyage
Et tu ignorais cela
Entre avant et après ton âge
Tu ne seras que de passage
Et ne verras rien au-delà

Il reste la beauté des vents
Dans la langueur indicible
Tu fais un regret d'avant
Et tu songes bien souvent
Aux oiseaux impossibles

Le voyageur clandestin

La nuit, quand les nuages s'ennuient ailleurs,
Je vois aux cieux les yeux des étoiles.
Leur nombre peuple l'ombre qui voile
D'une obscure rature l'horizon sans lueurs.

Le lieu inconnu qu'ensemble elles gardent
Crépite de poussières incandescentes.
Et nos meilleurs sentiments sentent
Comme une éternité qui les regarde.

Que dites-vous ? Quel chant vient de vous ?
Le silence tire au sommeil pur ;
Et la toile dévoile une peinture
Qui ressemble à un rendez-vous.

On voudrait tendre la main, toucher du doigt
Là-haut ces autres lucioles.
Nos envies sont seules et folles.
Nos cœurs-rois croient comme il se doit.

Rien ne vous trouble. Ni givre, ni vent.
On fait le voyage par le rêve.
Quand cette procession s'achève,
Les soupirs s'en souviennent souvent.

Ce sont les îles d'or où je m'endors.
Certaines filent sans qu'on sache pourquoi.
C'est l'éternité tirant de son carquois
La flèche d'aimer toute fondue d'or.

Etoiles, étoiles, qu'êtes-vous devenues ?
Vous mourez et l'on vous oublie.
Je vois pourtant vos larmes ennoblies
Et sais des songes qui n'en sont revenus.

Je parle une langue qui n'est plus tout à fait la mienne

Je parle une langue qui n'est plus tout à fait la mienne
Elle a pris des mots venus de nulle part
Et ma voix répète comme un chant du départ
Vers un pays qui ne sait ce que nos cœurs deviennent

Ces mots soudains et beaux dieu sait s'ils me sont
étranges
Qui me sont le sable enfui du sablier
Et les échos charmants pourtant oubliés
Comme le ciel est bleu et comme les choses changent

Je crois à des paroles que j'aime mais qui m'étonnent
La langue que je parle est de me taire
Ecouter à nouveau cela qui se nomme mystère
Dans le chant touchant que tous les oiseaux revenus
entonnent

Si je vous en dis trop on verra alors le charme se briser
Il faut cacher un peu ce qui fait le cœur battre
Et gravir les nues du rêve quatre à quatre
Mais le bleu du ciel est aussi clair que ce que vous lisez

Etait-ce moi qui guettais était-ce vous qui guettiez
Il m'est plus doux de ne pas le savoir
Et comme l'arc-en-ciel après le pleuvoir
Le secret est plus beau encore qu'on ne révèle qu'à
moitié

Après l'orage quand le ciel est doux

Après l'orage quand le ciel est doux
Le vent n'est plus qu'un murmure
Les nuages s'ouvrent sur l'azur
Et le soleil revenu on ne sait d'où
Déploie son éclatante ramure

L'été constellé de printemps
Scintille comme un diadème
La nature souffle son thème
Et tout proche alors on entend
Chanter l'oiseau qu'on aime

Ses belles plumes sont pour écrire
Les mots qui ne nous viennent pas
Il est appeau et nous appâts
Et voyez comme à chaque rire
Le temps fait un bruit de pas

Il faut parfois s'aimer vivre
Ce qui ne pourra jamais revenir
Car on lit aussi bien l'avenir
Dans le plus beau des livres
Que dans une main à tenir

Et quand les fleurs renaissent
Ainsi que refleurissent nos âmes
Nos regards se proclament
Que cette autre jeunesse
Brûle d'une bonne flamme

Une eau coule à petits échos
On baigne non songes dedans
Et tout prend le tour évident
Des doux airs musicaux
Qu'on fredonne en s'attendant

Sous le bon air frais une feuille tremble
La vie connaît de ces frissons
Le hasard est parfois polisson
Et sa geste ressemble
Aux enfants dans les buissons

Deux oiseaux volent comme un baiser
Au loin déjà la nuit s'élance
Et toujours l'éternité pense
Malheurs malheurs vous vous taisez
Quand le cœur bat en silence

Le ciel pour l'océan

Si je fais de l'oiseau la note sur le fil
La drôle symphonie jouée sur la portée,
Si ce chant m'est une plaie réconfortée
Et son silence une ombre qui défile
Je n'en puis mais de me voir ainsi escorté.

S'il me faut le ciel pour voir l'océan
Et l'étoile pour distinguer la nuit,
Si je crois au bien qui berce, au mal qui nuit
Comme la vague vague croit au confluent
Et comme mourir fait un bien curieux bruit,

Si je vois dans l'insaisissable patience
Des branches nues qui cousent les nuages,
Jouant du vent comme on joue du mirage,
Le seul regret que veuille écrire l'enfance
Quand mon œil seul se rappelle mon âge.

Et si je vois qu'il ne m'est de terre ronde
Ni de temps qui ne soient déjà chapardés,
C'est que cette vie a des couleurs hasardées.
Et si je vois l'autre versant de ce monde,
C'est que je n'en vois pas d'autres, à mieux y regarder.

Le grand songe

Cela ne grave pas le futur
D'en écrire le roman
Ni n'abolit le moment
De dire bruyamment
L'imprécise aventure

Quels mots encore en dire
Qui déjà ne soient anciens
Le passé en est plein
Chacun connaît les siens
Qui le font soudain rougir

Soudain la lumière change
Et les yeux voient ailleurs
Que prennent autre couleur
Les lieux et les heures
Dans ces délices étranges

Les jours sont en cymes
Et voici qu'étreignent
Pauvre et qui saigne
Les airs qui le ceignent
Le chardon rêvant des cimes

L'incorrigible

J'ai pris ma part du malheur humain
Ne blâmez pas mes sourires absents
Et moins ceux croyant que j'y consens
Mais hier parfois occulte demain
Et mes souvenirs ont goût de sang

Et une voix de mots intarissables
Chanson profonde oui chanson sans fin
Le cœur y voit sa soif et sa faim
Pareil aux édifices faits de sable
Le présent est une promesse qui feint

Et mon passé est des plus bavards
Il sort du tombeau comme Lazare
Puis s'y reconnaît avec la nuit
À cette encre il n'est pas de buvard
Elle coule comme l'esquif qui fuit

Ils s'en vont courant dans mes tiroirs
Tous les mots d'hier crêpés de noir
Leur visage cache un curieux soleil
Dont l'ombre penchée sur mon miroir
Rend un jour que l'horloge bégaye

Qu'on me pardonne cette antique erreur
C'est encore ce qui se fait de pire
Mais je peux m'user à tout redire
Et il n'est pas mot que je retire
Pardon pardon de croire au bonheur

Pardon de rappeler qu'on blasphème
De l'œil aveugle ou du dos montré
De bouche muette ou de cœur contré
En faisant désert de sa contrée
Celui qui ne vit que parce qu'il aime

Toujours n'est-il nulle part que l'on n'ignore

Toujours n'est-il nulle part que l'on n'ignore
Ni comment toujours l'aube est un mystère
Toute existence n'est qu'un noir éther
Il n'est moindre boussole en trouvant le nord

À qui le saurait manquerait vivre
À connaître fin comme début
À deviner réponse à ce rébus
Comme d'avoir lu tout livre

Nulle part où j'erre ne m'est connue
Tout le monde peut en dire autant
De n'avoir ni carte ni temps
Et d'ailleurs moins qu'aux nues

La grande rumeur

Le jour se lève du moins à ce qu'on dit
On en dit autant des hirondelles
Le printemps attend leur battement d'ailes
Mais c'est leur faire beaucoup de crédit
Et se soucier bien peu d'elles

L'homme répond de la lumière
Et ne respire que dans sa chaleur
Toutes les aiguilles sont à l'heure
Mais le monde demeure chaumière
Sans douceur ni vie ni bonheur

Sont-ce nos songes qui se rendent
A trop d'oubli sommes-nous sujets pareils
Des voix intérieures désertant nos oreilles
Tressaillements sont-ils seuls qui entendent
Le peuple peuplant nos rires et nos sommeils

Du moins à ce qu'on dit le jour se lève
Quoi que l'homme nourrisse de desseins
Le temps le temps appose son blanc-seing
Quand cris d'effroi et d'orfraie s'élèvent
Comme le rire des assassins

Toujours à voir de loin revient la beauté

Toujours à voir de loin revient la beauté
Du temps de la jeunesse rien ne fait affront
Notre cœur entier gravé à cet illustre tronc
Souffre pourtant de la flèche qui lui est ôtée
La fièvre de l'enfance ne quitte jamais un front

Tout à l'homme renvoie à l'âge bas
Comme à la pousse on renvoie le chêne
Des premières heures nous sentons les chaînes
Il est vain de se voir sortir de ce combat
Victorieux quand le rideau assombrit la scène

Tout emporte l'homme de ce qu'il emporte
C'est à n'en croire de ses yeux le monde
Une éternité loge dans toutes ces secondes
On regarde par la serrure bloquant la porte
Le temps est un vantail que rien ne dégonde

Trahi comme triché le visage devient masque
Il n'est qui vieillisse pour nous de portrait
Et meurt chaque âge du même air distrait
Comme le vent froid dans les gélivasques
Comme on rature d'un simple trait

C'est à n'en croire yeux ni cœur battant
Rien ne va plus tout est joué
C'est à se convaincre qu'il faut avouer
Le corps meurtri berce son levant éclatant
Le couchant emporte nos existences floué

J'entends que passe le temps

J'entends que passe le temps
A trop guetter sur la rive
La libellule sur l'étang
Et comme ses ailes étend
La pâle nuit qui arrive

C'est un jeu qui se perd par défaut
De n'être que simple mortel
Et nos jours triomphaux
Tomberont sous la faux
Comme le bœuf sur l'autel

À l'heure du grand sacrifice
Des horloges tréteaux
Ne songe plus à l'artifice
Toi qui fus père et fus fils
Et qui va dormir bientôt

Cela n'a rime ni leçon
On marche à n'en pouvoir mais
Sentiers que nous traversons
Et nos pieds que nous blessons
Ne guériront jamais

Le grand soupir

Je suis l'être du temps qui passe
Et des étés comètes
L'être des années impasses
Et des heures qui commettent
Les jours qui trépassent

Regarde si les heures demeurent
Qui tournent à ta montre
Comme passent bonheurs et mœurs
Et les coucous que l'on rencontre
S'en retournent en leur demeure

Ce qu'il faut de patience aiguë
Pour vivre à notre taille
Sous notre croix ambiguë
Si même nos vœux de paille
Ont des goûts de ciguë

À la moindre heure matinale
Répond la grande obscurité
Et tout vient clore machinal
Nos yeux déshérités
La lune pour point final

Je suis l'enfant de mon avenir

Je suis l'enfant de mon avenir
Comme d'autres en sont les ancêtres
Ce que je ne renonce pas d'être
Est devant moi comme un souvenir
Je crois parfois m'y reconnaître

C'est à n'en pas douter toujours
La même feuille qui tremble au vent
Et la même ombre portée devant
Tremble du même premier jour
Qu'elle se rappelle encore souvent

Enfant et vieillard qui ne suis-je
Nous marchons à rebrousse-temps
Les fleurs peuvent en dire autant
À cette débâcle que puis-je
D'autre qu'y croire pourtant

Qui croire de ceux que je suis
Qui tant disent choses futiles
Et rien ne dure rien n'est utile
Notre cœur bat que l'on poursuit
Et le passé à quoi pense-t-il

Il n'est de joie qui ne demeure comme s'éteigne

Il n'est de joie qui ne demeure comme s'éteigne
À qui respire rien qui ne dure comme meure
Et toujours passe et revient la même heure
Et tout fuit et reste comme la rumeur
Le cœur qui bat à la fois vit et saigne

À même douleur le souvenir se fait confus
Malade t'en souvient-il de ta vaillance
Comme sain tout t'amuse de tes défaillances
La mémoire et l'oubli sont de même alliance
Notre trace brille et pâlit quoi qu'on fût

Il faut de courage armer sa lourde langueur
Adieu bonheur adieu malheur sont même fredaine
Rien ne disparaît ni persiste des choses soudaines
Aimer et souffrir sont parts du même éden
L'hiver et l'été toujours auront la même vigueur

Tout m'est en ce monde chose étrange

Tout m'est en ce monde chose étrange
Rien moins que vivre ne m'est apprivoisé
Rien moins qu'être où toujours tout change
Où tout pique l'œil d'un zeste d'orange
Tandis que le temps demeure bras croisés

J'ai parfois joies pareilles à des douleurs
Et pleurs semblables aux rires éclatants
Bonheur bonne heure où donc est-ce déjà l'heure
D'en la noire nuit voir hisser tes couleurs
Claquante oriflamme l'horizon t'attend

Quel trouble en ce monde n'a-t-on de chanter
D'aimer à cœur fendre le cœur qui nous ravit
D'avoir confuses pensées dans l'esprit hanté
Existence est baisemain à main gantée
Et douves froides sous le frêle pont-levis

L'homme a l'aspect tremblant de la nature
Perdue et retrouvée mue par les saisons
Son visage a rides comme sillons et ratures
À raison ou à tort il croit en l'aventure
Et l'aventure y croit à tort ou à raison

J'ai tant marché jusqu'à me perdre du regard

J'ai tant marché jusqu'à me perdre du regard
Je ne sais vraiment plus même en quelles saisons
J'ai couru voyez maints et maints horizons
À rendre mon passé toujours plus hagard
De voir l'avenir délaissé là sans raison

Je sais ce qu'il en coûte de n'être que soi-même
De n'avoir que son reflet au plat miroir
Et pas un trésor pas un secret aux tiroirs
De voir tomber la seule ombre que l'on sème
Comme la paupière s'abat sous le soir

Je sais aussi les mots qu'il vaut mieux taire
C'est de les entendre qui m'en fit secret
Et de les voir essoufflés comme la craie
Dans la moindre poussière tombée à terre
Pareille au temps que l'usure vaincrait

Je n'ai rien connu pourtant de plus beau
Car enfin tout est croisé dans ce monde-ci
Et tout est fragile et tout est indécis
Parfois un ami tient un semblable flambeau
Parfois cœur vient plus doux et moins durci

Allons comme la gloire tout n'est qu'empreinte
Que l'eau emplit que la nuit voile que le vent chasse
Toujours notre vie va à la fois gaie et lasse
On est ensemble et la solitude et l'étreinte
Et l'on rêve un peu en faisant sa voix basse

Rien ne nous est moins court

Rien ne nous est moins court
Que le pas pressé et lourd
Qui s'éloigne et se fait sourd
Comme le cri d'un animal
Ce ne sera jamais assez
Aimer est sans cesse recommencer
Et toujours se sentir blessé
D'avoir fait un peu de mal

Mon drame si tu t'achèves
Vois le front que tu lèves
Sur quel drôle de glaive
Et quelle corde de pendu
C'est d'aimer que ta blessure
A le rouge de la morsure
Et les bras qui te rassurent
Ont des couleurs défendues

Regarde même ton regard
Tes yeux toujours s'égarent
Et leurs songes sont hagards
À cogner sur tes paupières
Il faut bien des larmes
Pour se défaire du charme
Et ne pas retourner l'arme
Qui fait le cœur de pierre

J'entends j'entends qu'on dit
Que cela est interdit
Qu'on ne parle plus de paradis

Sinon une arme à la main
Il faut bien du courage
Pour faire d'aimer l'adage
Qu'on lit à chaque page
Du roman écrit demain

Si le cœur a ses raisons
Il a aussi ses saisons
Et les funèbres oraisons
Ne parlent jamais aux morts
On ne console pas le défunt
Ce n'est pour lui que c'est la fin
Ceux qui restent goûtent la faim
De souffrir du moindre remord

Amour est à couleur de sang
Sa douleur toujours descend
Sur celui qui n'y consent
Qu'à la forme d'hypothèse
On aime sans trop savoir
On se demande ce qui est à voir
Et le cœur fait son devoir
Jusqu'à ce qu'il se taise

On ne sait trop quoi dire
Où sont zénith et nadir
Et nos paupières d'applaudir
Ce qui nous est embrassé
Il n'est pas long de l'écrire
La joie n'est pas que de rires
Souffrir n'est pas toujours souffrir
Aimer est sans cesse recommencer

Il faut se choisir un passé

Il faut se choisir un passé
Et s'y tenir mains au front
Ses lumières en disent assez
Comme dans l'eau les ronds
Quand le caillou est effacé

L'ombre sur nous penchée
Murmure à notre oreille
Sont-ce monstres endimanchés
Ou noires grandeurs au sommeil
La question n'est pas tranchée

Le chemin n'est pas sans pierres
Qu'on ne prend à rebours
Quand se closent les paupières
Nous reviennent les jours
Déjà tant renommés hier

Cela s'entend comme belle chose
Toujours que de se rappeler
Mais il faut encore qu'ose
Le cœur humain même fêlé
Quand l'épine est sur la rose

Vous dites que cela est vain
Qu'il vaut mieux vanter la suite
Qu'un passé échappe à la main
Qu'il a pour autre nom fuite
Comme le souffle et la faim

La grande joie la grande fête
Répond de l'ancienne toile
Que sont vives dans les têtes
Les plus hautes des étoiles
Sur les plus tristes défaites

L'écho muet

Je marche toujours et de guerre lasse
Je pense toujours je pense encore
Je vois sans cesse ce même décor
Et me taisant je marche tête basse

Vous qui vite vîtes les glaciers
Les lacs les torrents les ravins
Je devine oh sans être devin
Que vous le voyiez quand vous passiez

Tout à coup le silence tombe
On regarde on se croit indiscret
Quelqu'un vient comme en secret
Déposer une fleur sur une tombe

Il fait un temps à se taire
On y croit ou on n'y croit pas
Et l'on songe aux vieux trépas
Qui reposent sous la terre

Pauvres et misères femmes et enfants
Nourrissons et vieillards silencieux
On vous a couchés face aux cieux
Mais seule la pierre vous défend

Ici le moindre bruit profane
On doit aux morts le murmure
Le calme leur fait un mur
Mais déjà la fleur fane

Il chante un bel oiseau
L'église penche son ombre
Elle sera bientôt décombres
Comme glaciers devenus eaux

Ainsi ne sont plus les morts
Que dans le cœur des vivants
Il faut pleurer après mais rire avant
Il faut revenir où l'autre dort

Passant passant l'oubli gagne
Déjà plus personne ne vient
Est-ce qu'il te souvient
Du cimetière dans la montagne

VI

L'alphabet des ombres

Il fait nuit

Il fait nuit où es-tu
Sont-ils tes yeux au songe
Et les miens qui les ronge
L'horloge s'est tue

Il pleut fort dans le sombre
Comme passe l'écume
Sur le papier la plume
Retranscrit les ombres

Le temps vit de sa lenteur
Son outre ne se vide
Tu attends l'œil vide
En bien triste conteur

Les soirs sont heures pathétiquement amères

Les soirs sont heures pathétiquement amères
Repos qui viennent jours qui s'en vont
On ne sait si se vide ou s'emplit la mer
Le temps est plus glissant que du savon
Et passe plus à force que nous rêvons

Le sommeil se tient prêt qui nous attend
Nos songes crépitent à son silence
Sous lui pas une douleur ne s'entend
Il n'est plus de faim qui lance
Paupières closes ont leur ambivalence

À toute pensée étoile est un mirage
Qu'on touche d'un doigt évanoui
L'oasis au désert est épanouie
N'a feu le monde non plus que rage
N'a que joie d'enfants la chorale inouïe

Rien n'étiole dans les ans la songeuse douceur
Pour le cœur déçu pour le mécréant même
Pour celui dont l'être déborde d'anathèmes
Il voit à poings fermés des existences sœurs
Il voit comme un soupir qu'en lui on aime

La joie et la douleur

Quand je m'en allais dans la nuit tenant ses flambeaux
Le dehors était pour moi comme l'aube grise
Où l'on se croit le ciel et l'océan et l'horizon si beau
Que l'on tend à l'éternité son unique chemise

Il faut respirer l'air qui se dérobe et siffle à la rosée
Et revient siffler en montant aux étoiles
Et le sentir aux heures où la lune est déposée
Guider la nuit en soufflant dans sa voile

La nuit l'air rempli
De joie et de douleur
De noir et de couleur
Enroule dans un pli
Et le temps et l'heure

Rien n'a pareil écho
Si ce n'est vivre
Tout est même livre
Tout est pareil accot
La rosée et le givre

La grande extinction

Quand la nuit entre par les fenêtres
Par les serrures et sous les portes
On voit notre ombre disparaître
On voit ce que le jour emporte

Les murs se mettent un voile
Fait de sombres artifices
Et dehors le ciel dévoile
Le visage des édifices

Doucement le jour se dérobe
En revenant sur ses pas
Et l'horizon prend la robe
Qui ressemble au trépas

L'essoufflement

Une vague nuit répond au jour diffus.
L'horizon même est changé, et son air confus
Semble lui donner un visage absent
Sur lequel le froid azur descend.
La longue plaine est pleine d'un long silence,
Il y passe çà et là des oiseaux sans élégance
Et leur ombre fait un linceul aux rares herbes.
Le temps dévaste ce qui est vaste et superbe.
Une fenêtre donne sur ce grand nulle part.
Un rayon qu'elle reçoit est un rayon qui part ;
Un rayon qu'elle envoie est un rayon qui sort.
Il est tombé là comme une sorte de mauvais sort.
Il reste au loin comme une forme du passé ;
Sa pâle rougeur singe une fièvre lassée.
Et quand crépitent les cris pauvres du crépuscule,
Quand le visible dans l'invisible bascule,
Quand on croit deviner le spectre du néant
Dont le bâillement montre un étau béant,
On songe aux lueurs et au jour, on songe au ciel,
On songe au cœur et à ses figures partielles,
On pense : « Vivre est une curieuse seigneurie
Où celui qui à la fois y pleure et rit
Voit du même œil ce qu'il croit et ce qu'il perd ».
Oh toutes ces étoiles au grand voile pers...
Ne croyez pas que cela soit de tout repos,
Le cœur vibre comme sous le coup la peau.
Il y résonne des maux faits d'éternité
Et des âmes revenues de lieux inhabités.
Certains jours sont étrangers comme des sommes
Et c'est une étrange loi que celle encore des hommes.

La grande question

Où sont les premières lueurs
Les premiers rayons qui furent
Tout dit qu'il n'est plus l'heure
Et tout passe comme la couleur
Le temps est une sépulture

Le sarcophage où nous entrons
Qui sait pour y quoi faire
L'arbre gâté au tronc
L'eau lisse sans ronds
Le jeu par trop souffert

On est vieillard tel qu'enfant
Si ce n'est par les traits
Le cerf est d'abord faon
Le cœur s'éteint fanfan
Scion dans une hêtraie

Le grand tourment

Nous qui sommes tels qu'oiseaux sans nid
Vagabonds des célestes rayons
Nous qui portons en haillons
De lugubres nuages nous voilà bien punis

Nous voilà bien joués partout dans les airs
À entendre le seul soupir
De nos plaintes qui s'étirent
Et sont sans échos dans le vaste désert

Nous qui tenions la vie nous que la vie tenait
Nous qui au soir et au matin
Avions le même jour certain
Nous qui aimions Demain où Toujours déjeunait

Savons-nous seulement ce qu'est notre survol
Loin de l'autre loin d'ici
Quand tout est imprécis
Comme l'étrange brouillard sortant du sol

En la nuit profonde

Quand tout s'est tu dans la cité
Le soir, quand le sommeil recouvre
Tous les esprits songeurs ressuscités
On peut sentir que soudain s'ouvre
Le ciel que le soleil tenait secret
L'azur scintillant à l'heure noire
Comme les chandelles venues auprès
Des petites lucarnes d'un manoir.

Les lueurs venues de l'horizon
S'épinglent au revers des ombres.
Chaque étoile, dans la grande prison,
Libère les grands cœurs sombres.
L'obscurité prend la frêle saveur
Des airs invisibles aux voûtes
Et Séléné bruisse des rêveurs
Que ses sourds soupirs envoûtent.

Celui qui sait voir le voile
Que le jour pose sur son ennui
Aime que chaque brune dévoile
Le visage inconnu de la nuit.

Déborah

Dans la maison où l'on n'entend rien
D'autre que l'horloge
C'est en haut que loge
Celle dont seul le sale jupon est sien

C'est là-haut qu'elle dort, et qu'elle pense.
Le matin et le soir
Elle vient s'asseoir
À la fenêtre et suppose dans les bois denses

Le moineau tressant le nid, la biche rousse
Près de l'étang ;
Un canard tend
Ses ailes sur l'onde lisse et s'éclabousse ;

L'écureuil courant sur les branches cassantes
Et dans les troncs
Avec le front
De regarder aux cimes les aubes naissantes ;

Le chat chassant caché parmi les gerbes
Tapi au sol ;
Les tournesols
Tournant au soleil leur œil superbe ;

Le grillon et la chenille, la sauterelle et le papillon
Dans les arômes
Sous le dôme
Céleste, très loin d'où nous travaillons ;

Les loups terribles qui montrent leurs crocs blancs ;
Un mâle gémit
Et tout blêmit
Derrière les pâles brouillards troublants ;

La vipère grise qu'irisent dans l'ombre
Les fins éclairs
Perçant les airs
Entre les feuilles et les arbustes sombres.

Le soir, quand la nuit jette toutes ses voiles,
Seule dans l'ombre
Elle pense au sombre
Et murmure, levant l'œil au ciel : « Les étoiles... »

Le grand mystère ou l'autre monde

Les mers claires ont des profondeurs opaques
Où se fait un silence d'encre de Chine
Où rien n'a parole ni même échine
On jurerait que l'immense vide attaque

Tout est tu dans ces renversés univers
L'œil n'est qu'ombre, le souffle n'est que clos
Il dort une nuit éveillée froide comme l'eau
Qui sait si la terre n'y tourne pas à l'envers ?

Là sont les monstres, là sont les merveilles
Là sont les inconnus dont on ignore les sens
On croise des géants, on croise des puissances
On croise le majestueux mystère qui veille

Un sang coule quand parfois vrombissent
Les volcans étouffés qui soudain respirent
Puis s'éteignent comme pour mieux dire
Le sourd et beau battement des abysses

Le sous-bois

Je vais aux forêts pour écouter
Et regarder encore.
Les envers du décor,
Là, soudain, sont vastes et envoûtés.

L'étrange écho respire.
Il parle la langue des nuits et des ombres.
Et le rayon perçant la pénombre
Rend son dernier soupir.

À demi-lueur vit un royaume
Inconnu et sauvage.
Et son dernier visage
Vient veiller sur vous comme un fantôme.

Et de petits préaux
Montrent le ciel comme un cœur qui bat.
Voilà l'union de la voix d'en bas
Et du jour d'en haut.

Le langage invisible

Si vous consentez, écoutez le murmure
Que fait parfois la nuit.
Il se trouve là, glissant le long des murs,
Un bien étrange bruit,

Un étrange écho, une étrange voix
Comme une lampe basse.
Est-ce un long soupir ? Qui l'envoie
Jouer dans les impasses ?

Sans lumière le monde change
À prendre autre visage.
Il se vêt de l'allure étrange
D'inconnus paysages.

Le voilà qui parle, le voilà qui conte
À qui tend l'oreille
Son autre figure. Rien n'est de honte,
Et rien non plus pareil.

Mettez-vous enfin à la fenêtre
Et vous serez du nombre
De ceux qui pourront connaître
L'alphabet des ombres.

Les mots qui sont de rose

Tout ceci n'a pas très bonne forme
C'est semble-t-il fait pour les anges
Autant que le zeste pour l'orange
La nuit noire des morts qui dorment
Et le rire pincé qui vous démange

L'œil lit ceci à cils rieurs
Leurs battements tournent les pages
Quoi la princesse éprise du page
Cela n'existe vraiment plus d'ailleurs
Sont-ce bien là mots de notre âge

Pardon pardon mais qu'y faire
Je ne choisis vraiment pas mes tours
Ni les fleurs ni les oiseaux tout autour
Pardonnez donc que dur comme fer
Mon cœur croie seul dans la tour

On dit que cela ne se dit plus
Elsa et Laure sont au tombeau
On a même oublié le Mirabeau
Voyez il a tant neigé et tant plu
Que sous d'autres ponts coule l'eau

À ce jeu le perdant est un triste drôle
Ce qu'il veut embrasser on le lui broie
On lui remet même son chapeau droit
Il tient si bien l'amusant rôle
De celui qui aime et qui croit

PREMIERS TEMPS 1

J'ai rêves comme oiseau un nid 3
En montagne 4
Papillons 5
Le rameur 6
Et l'ombre portée sur ma nuit 7
J'aime l'hirondelle quand je ne la vois pas 9
Les soleils enneigés 10
Celui qui n'a pas oublié 11
Je me passe du passé pour amour dire 13
La forêt noire 14
Il faut l'émoi pour le poème 15

LES LOIS DE LA NATURE 17

En chaque nuit couvent 19
L'autre printemps 20
Chanson de la fin de l'été 21
Le nénuphar rose 23
Botte d'asperges au chat assis dans la lumière du jour 25
Des hécatombes 26
Prairial recommencé 27
La grande souffrance 28

LE LIVRE OUVERT 31

Voici rimes cachées... 33

La grande errance 35
Dans l'ombre où seul je survivais.................................... 36
Rien ne meurt en moi que les mauvaises pensées 37
Le soir quand tu m'es lointaine 38
L'embellie... 39
C'est depuis toi que ma vie change................................... 40
C'est le soir quand lentement tombe la lumière 41
À celle qui doit partir.. 42
Dans les bois où sont les longues promenades 43
Les atolls d'émeraude 44
Voici les mots de mon âme.. 45
Ce qu'est l'amour caché 46
Mets ta main là où mon cœur bat 47
Les cœurs conjugués 48
Quand dans la nuit glacée brille l'étoile absolue............. 49
Il est toujours temps.. 50
Si je parle bas quand ton cœur m'écoute 51
Tout a forme de ta présence de ce jour qui croît............. 52
Tu peux lire dans ces lignes la bonne aventure 53
Je suis le présent de ton sourire....................................... 54
J'entends ton rire comme on entend la mer 55
Le rossignol 56
Lorsque l'on se tient ensemble sur l'herbe....................... 57
Le grand bonheur 58
Le monde m'est dans ton regard....................................... 59

Le cœur et l'encre 60
Je suis l'ombre du songe que je fais de toi 61
Le grand trouble 62
Je préfère à toute chose 63
Je ne brûle que de t'aimer toujours 64
J'ignore dans quel songe 65
Tu fermeras mes portes et mes livres 66

LA RIME RECOMMENCÉE 69

La rime introuvable 71
La rime retrouvée 72
La rime recommencée 73
La rime revenue 74
La rime testamentaire 75
La rime improvisée 76

LES OISEAUX INVISIBLES 79

Présence des absents 81
Le grand silence 82
Les oiseaux impossibles 84
Le voyageur clandestin 85
Je parle une langue qui n'est plus tout à fait la mienne ... 87
Après l'orage quand le ciel est doux 88
Le ciel pour l'océan 90
Le grand songe 91

L'incorrigible..92

Toujours n'est-il nulle part que l'on n'ignore 94

La grande rumeur..95

Toujours à voir de loin revient la beauté......................96

J'entends que passe le temps 97

Le grand soupir..98

Je suis l'enfant de mon avenir 99

Il n'est de joie qui ne demeure comme s'éteigne...........100

Tout m'est en ce monde chose étrange......................101

Rien ne nous est moins court.....................................103

Il faut se choisir un passé..105

L'écho muet..107

L'ALPHABET DES OMBRES..111

Il fait nuit..113

Les soirs sont heures pathétiquement amères...............114

La joie et la douleur 115

La grande extinction..116

L'essoufflement 117

La grande question..118

Le grand tourment 119

En la nuit profonde..120

Déborah...121

Le grand mystère ou l'autre monde..............................123

Le sous-bois..124

Le langage invisible.. 125
Les mots qui sont de rose 126